1

2

3

4

1
2
3

1
2
3

1

2

3

1

2

3

1

2

3

1

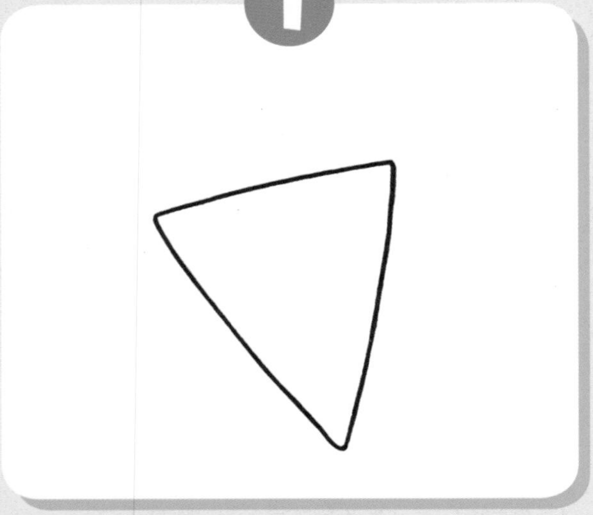

2

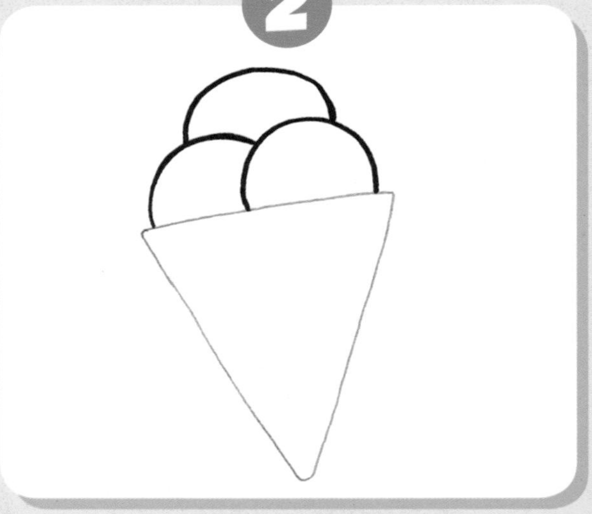

3

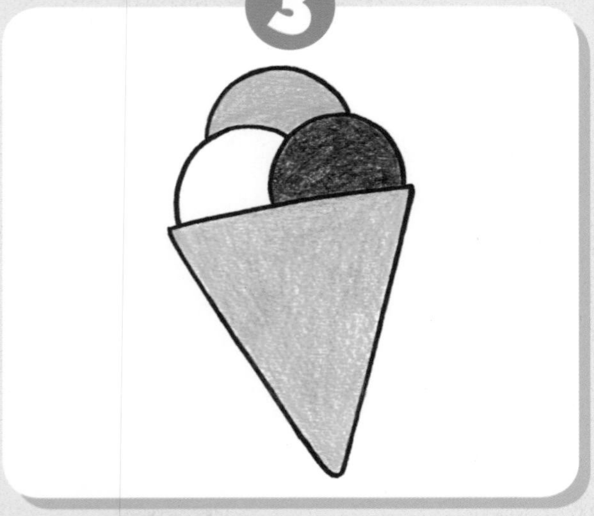

1

2

3

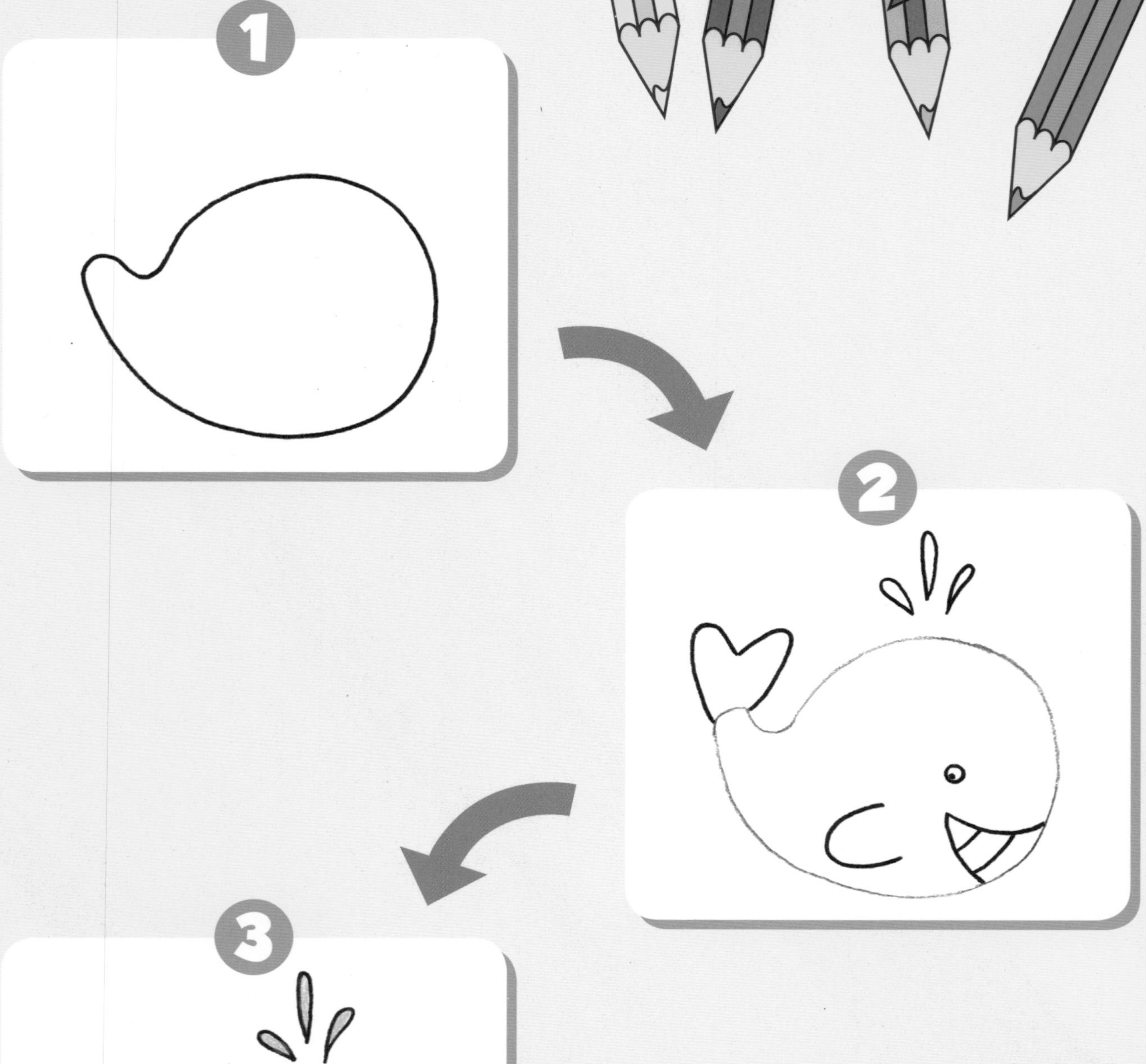
1
2
3

1

2

3

1

2

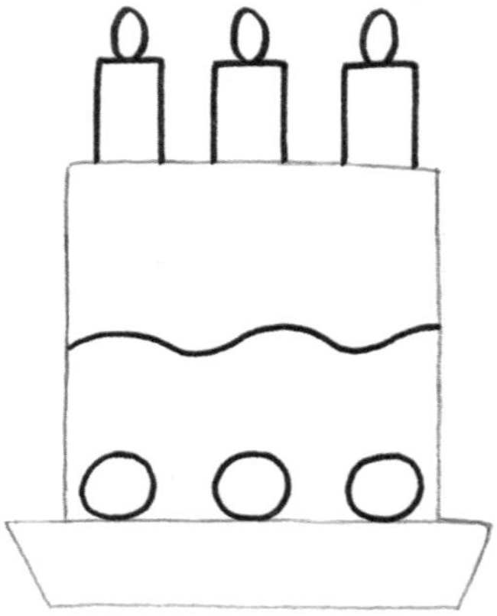

3

1

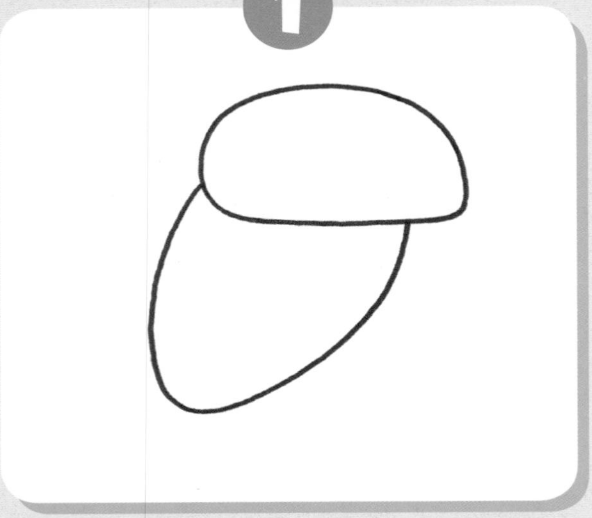

2

3

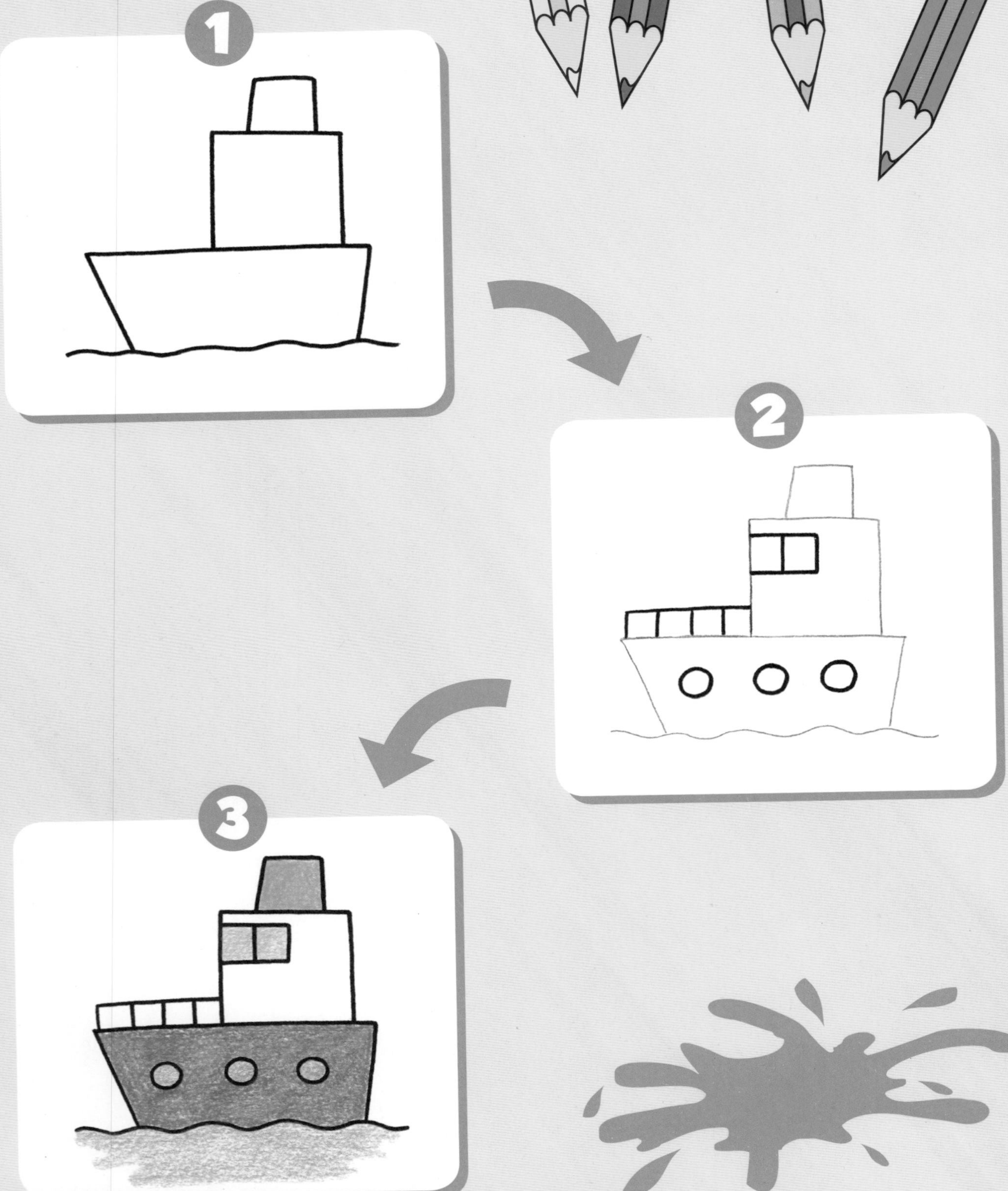
1
2
3

1

2

3

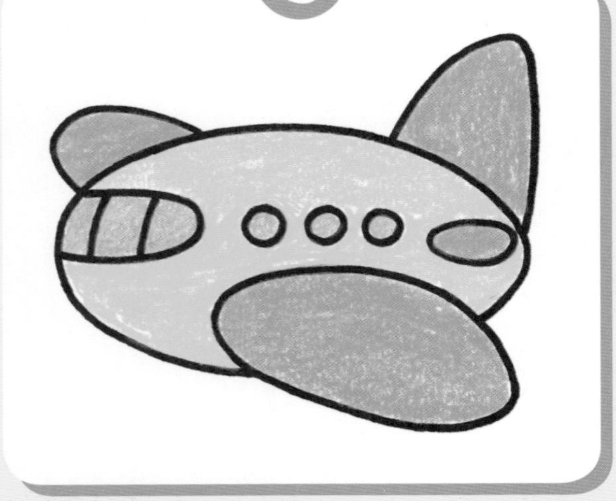

1
2
3

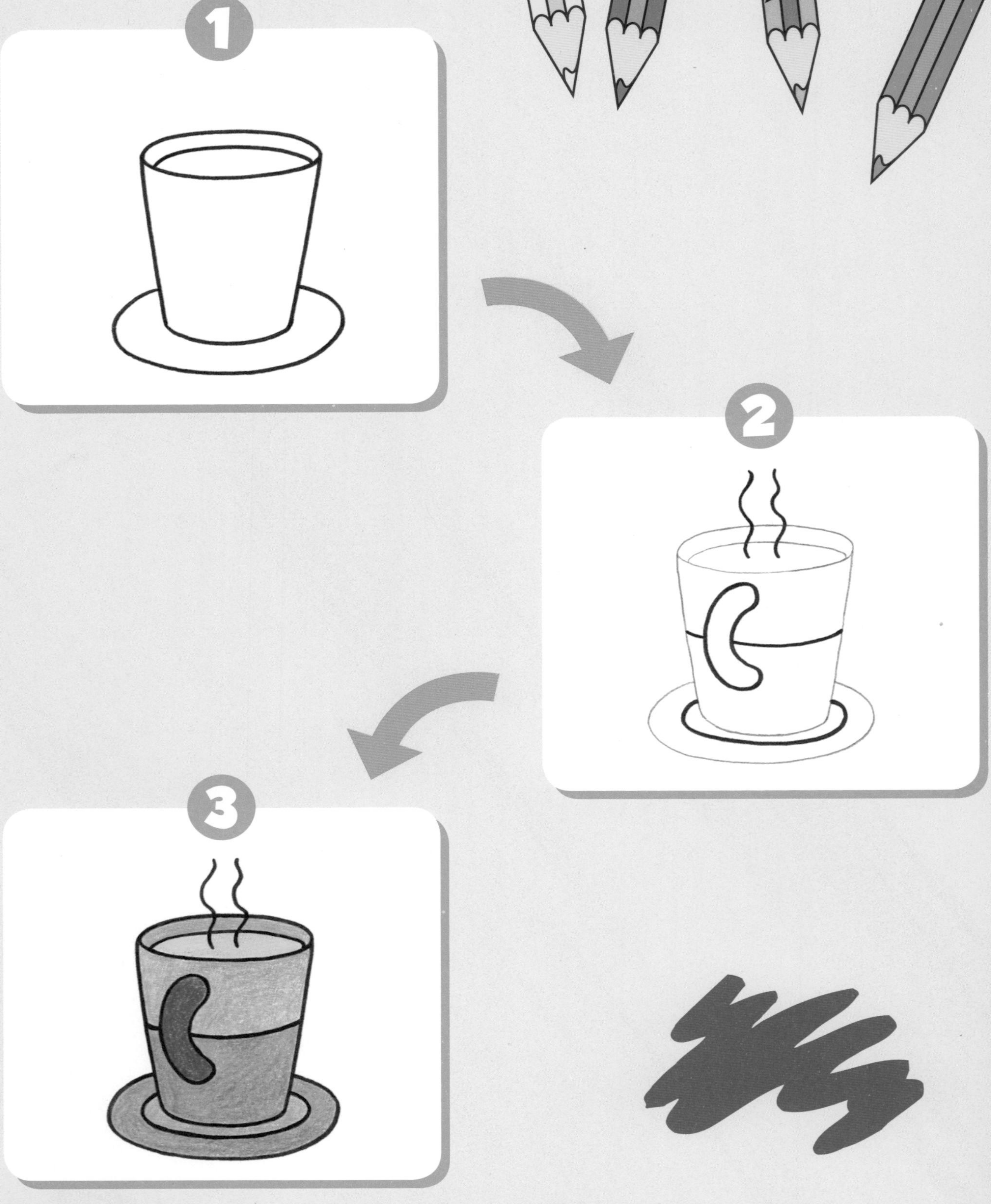
1
2
3

1

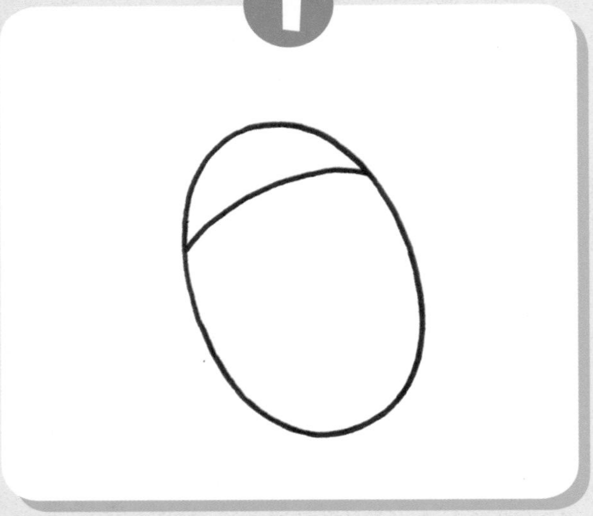

2

3

1
2
3

1

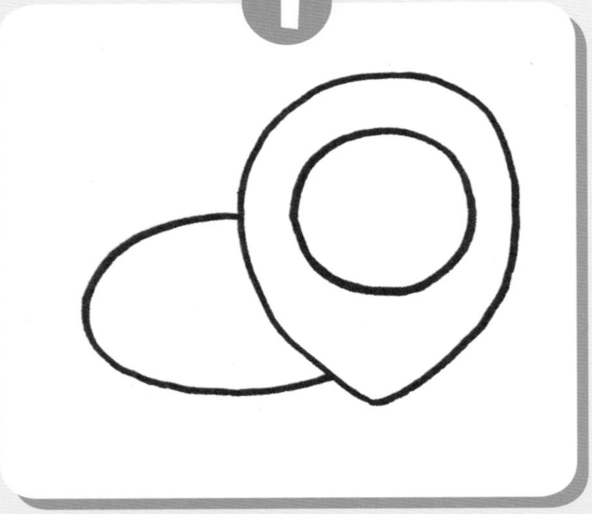

2

3

1

2

3

1

2

3

1

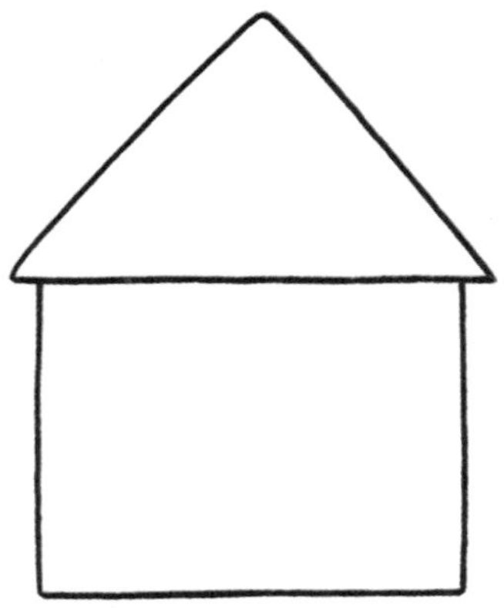

2

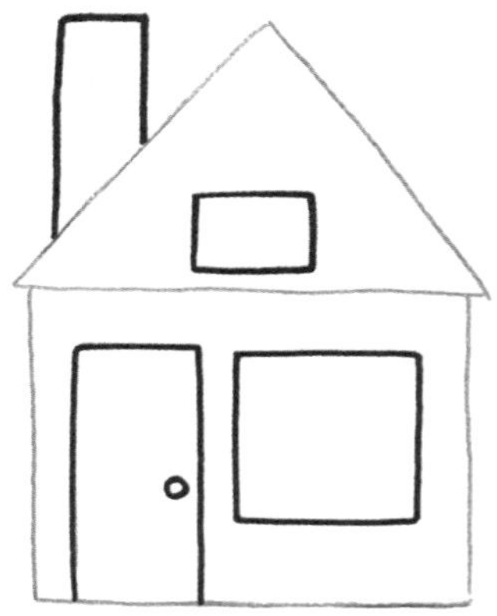

3

1

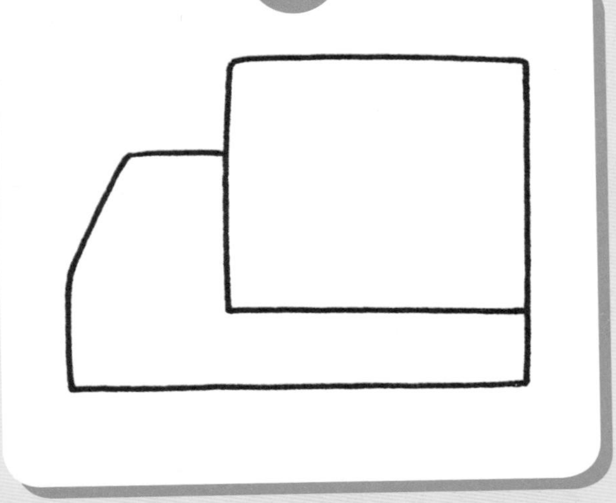

2

3

1
2
3

1

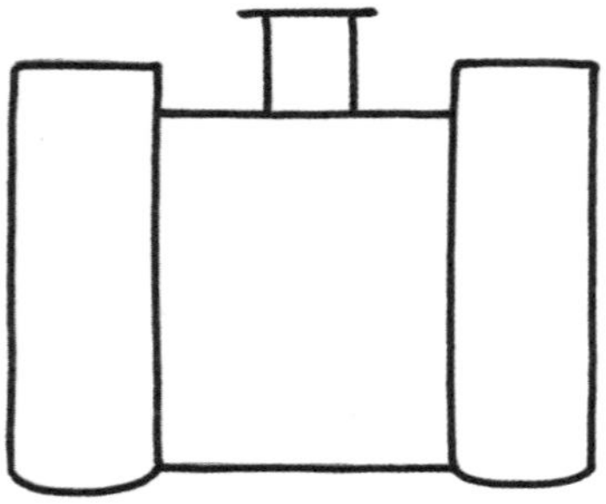

2

3

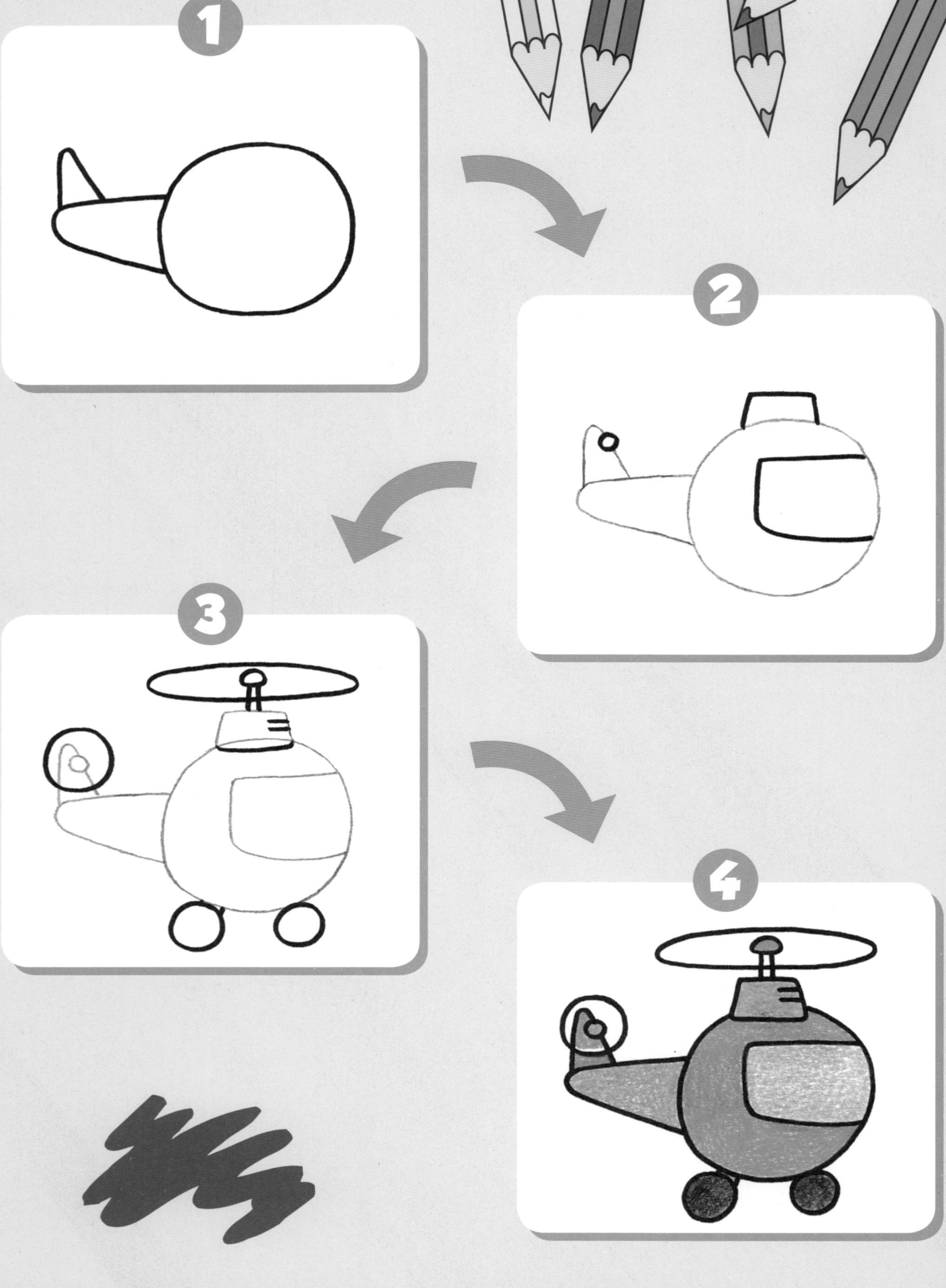
1
2
3
4

1
2
3
4

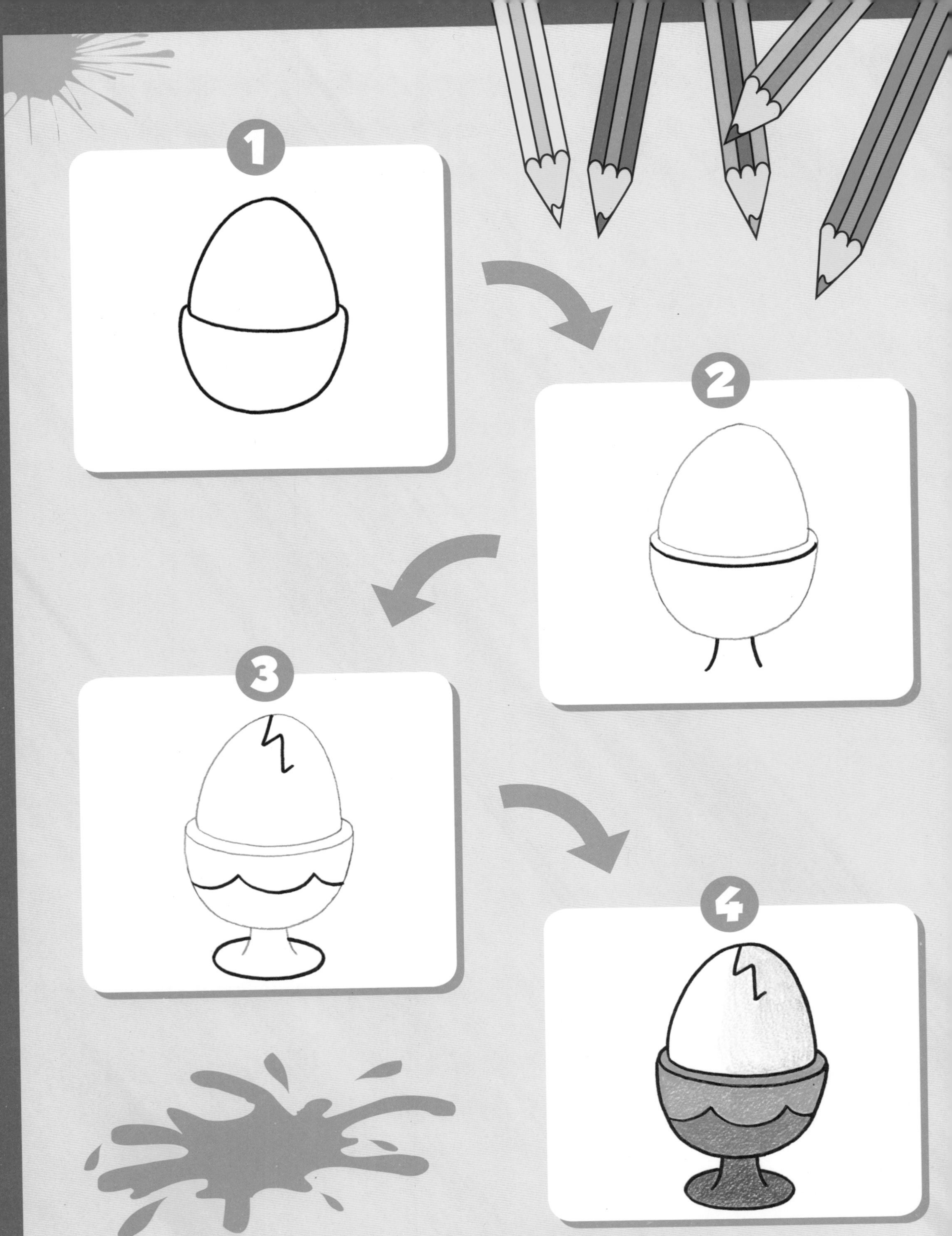
1
2
3
4

1
2
3
4

1
2
3
4

1

2

3

4

1
2
3
4

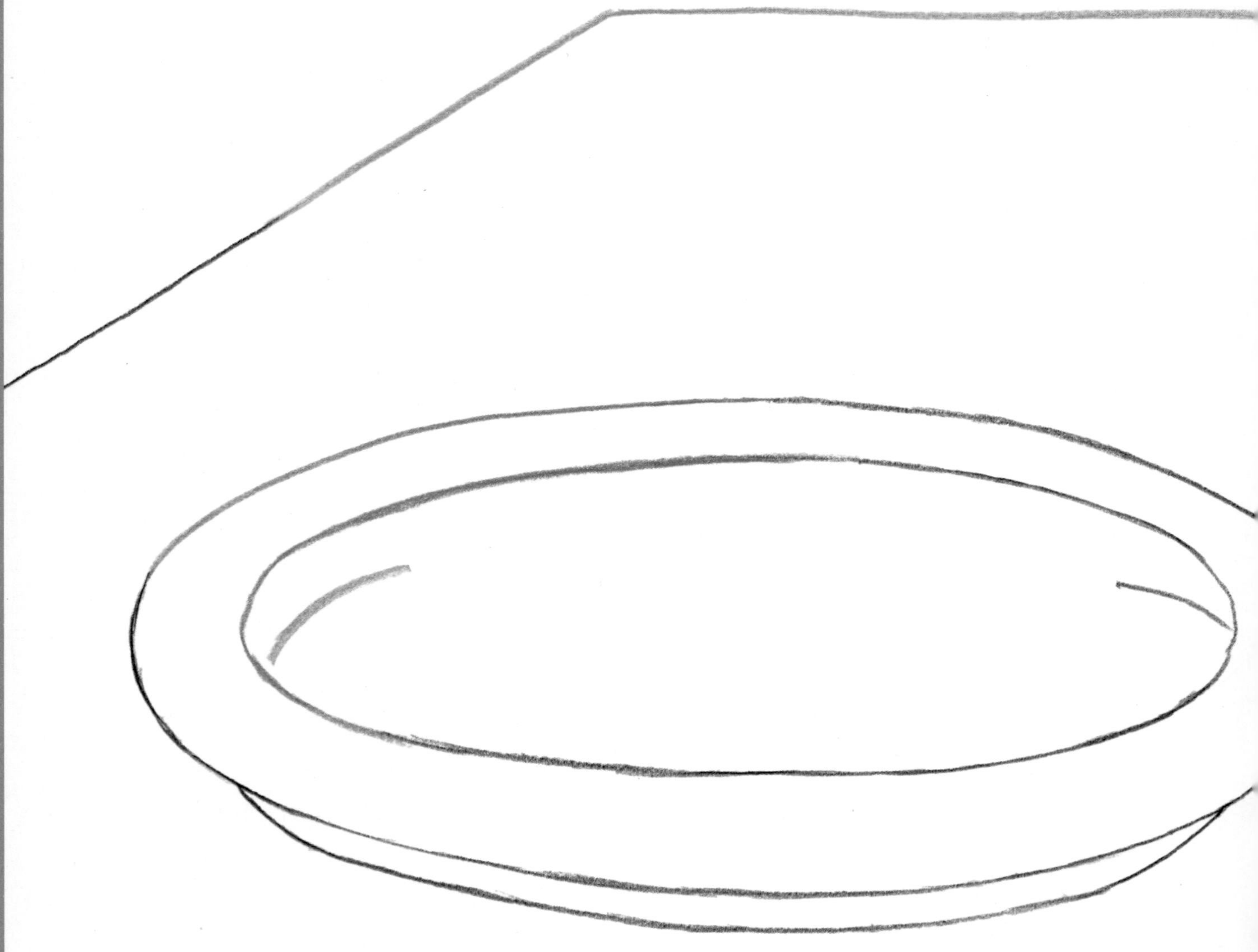

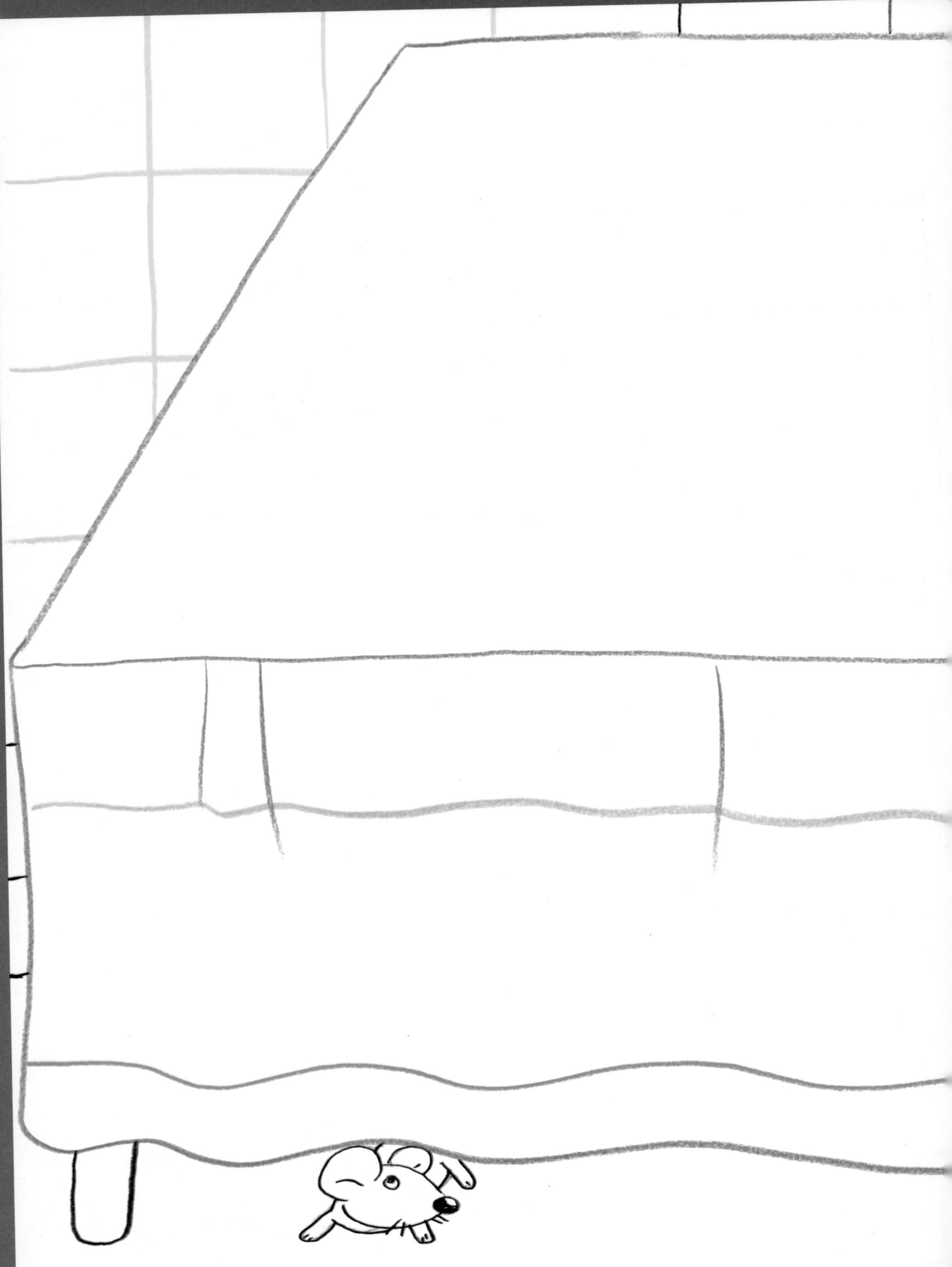

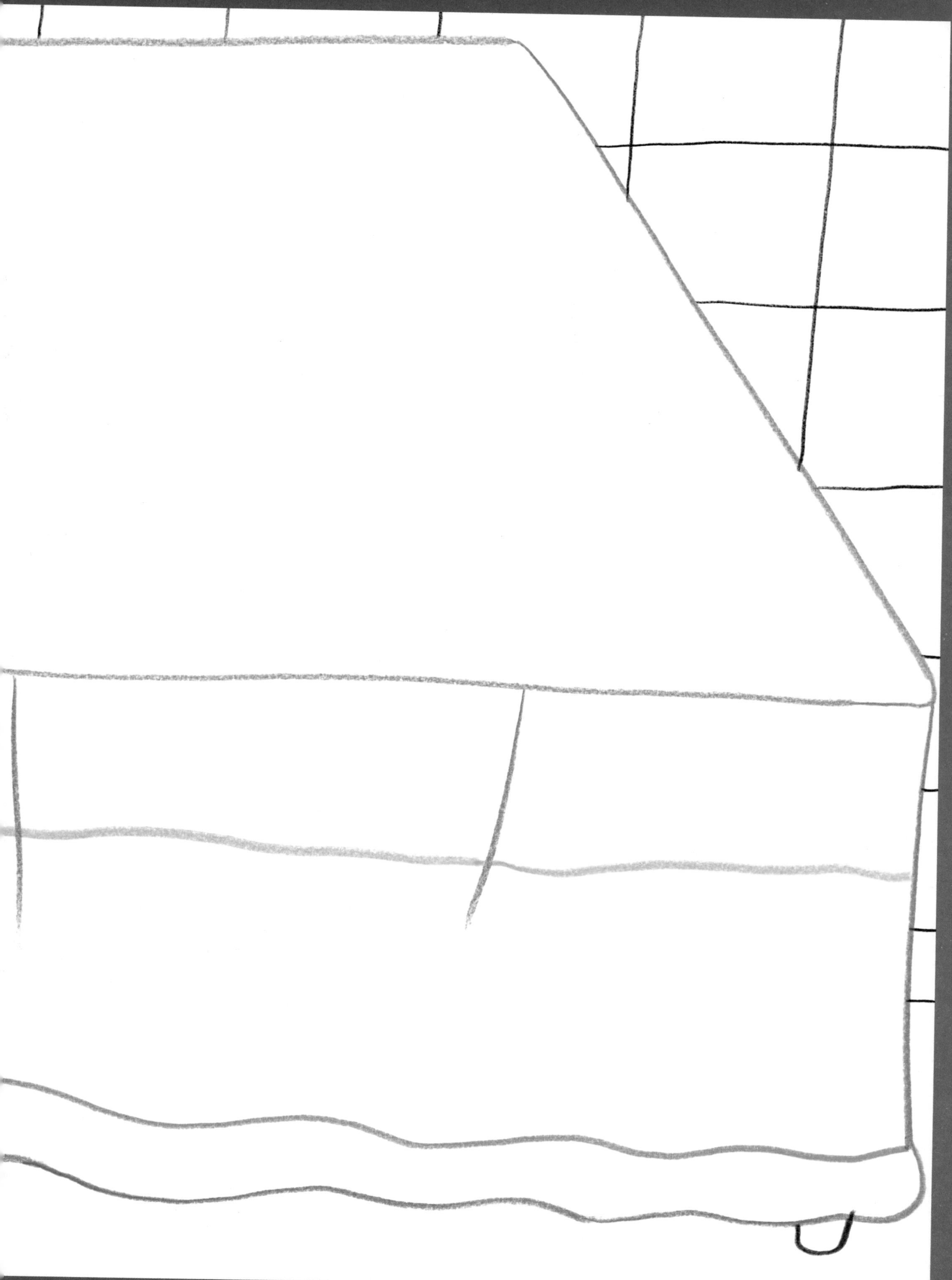

1
2
3
4